PALOMA BLANCA

Ilustrações: PAULA KRANZ

E SE EU SENTIR...

MEDO

Ciranda
na Escola

Dados Internacionais de Catalogação na Publicação (CIP) de acordo com ISBD

B236m   Barbieri, Paloma Blanca Alves

           Medo / Paloma Blanca Alves Barbieri ; ilustrado por Paula Kranz. — Jandira, SP : Ciranda na Escola, 2021.
           32 p. : il. ; 24cm x 24cm. — (E se eu sentir...)

           ISBN: 978-65-5500-524-0

           1. Literatura infantil. 2. Emoções. 3. Sentimentos. 4. Raiva. I. Kranz, Paula. II. Título. III. Série.

2020-2537   CDD 028.5
                                                                    CDU 82-93

Elaborado por Vagner Rodolfo da Silva - CR-8/9140

Índice para catálogo sistemático:
1. Literatura infantil 028.5
2. Literatura infantil 82-93

Este livro foi impresso em fonte Melon Slices e Metallophile em agosto de 2023.

Ciranda na Escola é um selo da Ciranda Cultural.

© 2021 Ciranda Cultural Editora e Distribuidora Ltda.
Texto: © Paloma Blanca A. Barbieri
Ilustrações: © Paula Kranz
Revisão: Ana Paula de Deus Uchoa
Produção: Ciranda Cultural

1ª Edição em janeiro, 2021
7ª Impressão
www.cirandacultural.com.br
Todos os direitos reservados. Nenhuma parte desta publicação pode ser reproduzida, arquivada em sistema de busca ou transmitida por qualquer meio, seja ele eletrônico, fotocópia, gravação ou outros, sem prévia autorização do detentor dos direitos, e não pode circular encadernada ou encapada de maneira distinta daquela em que foi publicada, ou sem que as mesmas condições sejam impostas aos compradores subsequentes.

As emoções são as cores da alma. São espetaculares e incríveis. Quando você não sente, o mundo fica opaco e sem cor.
William P. Young

Dedico este livro à minha gigantesca família (em especial, à minha mãe, Creusa), que me proporcionou e ainda proporciona as mais lindas e diferentes emoções!

MEU CORAÇÃO BATE FORTE DENTRO DO PEITO.

TUM-TUM!
TUM-TUM!

ENTÃO, EU ACENDO A LUZ, ENCHO-ME DE CORAGEM E DIGO: "VÁ EMBORA, SENHOR MEDO!"

QUANDO MEUS AMIGOS ME CHAMAM PARA UM GRANDE DESAFIO, EU FICO TODO ARREPIADO.

SEMPRE QUE CAI UMA TEMPESTADE, CHEIA DE RAIOS E TROVÕES, EU SINTO TANTO MEDO QUE COMEÇO A TREMER.

MAS QUANDO A MAMÃE E O PAPAI ME ABRAÇAM, EU SEI QUE TUDO VAI FICAR BEM E QUE NÃO HÁ O QUE TEMER.

ALGUNS BICHOS ME CAUSAM UM VERDADEIRO PAVOR. EU TENHO MEDO DE COBRA, DE ARANHA, DE SAPO... E ATÉ DE BARATA!

SEMPRE QUE OS MEUS PAIS SE AFASTAM DE MIM, EU ME SINTO COMPLETAMENTE PERDIDO.

MAS SE ELES ME EXPLICAM AONDE VÃO E QUANDO VOLTAM, AOS POUCOS O MEDO VAI FICANDO DE LADO.

QUANDO FAÇO NOVOS AMIGOS, EU SINTO UM MEDO IMENSO DE PERDÊ-LOS.

NESSAS HORAS, A MAMÃE SEMPRE DIZ ALGO QUE ME CONFORTA:

— ALGUNS AMIGOS VÊM E VÃO, QUERIDO. O IMPORTANTE É MANTÊ-LOS PARA SEMPRE NO CORAÇÃO.

EU TAMBÉM TENHO MUITO MEDO DE TENTAR ALGO NOVO E DIFERENTE.

SÓ QUE EU SEI QUE SE SENTIR ASSIM É NORMAL. AFINAL, ACONTECE COM TODO MUNDO!

EM ALGUMAS NOITES, EU ACORDO ASSUSTADO, COM PESADELOS DE FANTASMAS E ESTRANHAS CRIATURAS.

SEMPRE QUE ISSO ACONTECE, A MAMÃE E O PAPAI DIZEM QUE NÃO HÁ POR QUE TER MEDO, POIS NEM TUDO É O QUE PARECE SER.

SENTIR MEDO NÃO É NADA BOM, MAS, MUITAS VEZES, ESSE SENTIMENTO ME PROTEGE DE GRANDES PERIGOS. OUTROS MEDOS, PORÉM, EU ENFRENTO COM MUITA CORAGEM!

COMO VOCÊ SE SENTE HOJE?

FALE UM POUCO SOBRE O QUE VOCÊ ESTÁ SENTINDO AGORA.

FALANDO SOBRE O MEDO

Para aprender a lidar com o medo, primeiro é preciso entender o que o causou. É importante refletir e falar sobre esse sentimento para, em seguida, deixá-lo ir embora. Leia as perguntas a seguir e reflita sobre cada uma delas.

- O que deixa você com medo?
- Como você fica ou reage quando está assim?
- Quando foi a última vez que você sentiu medo?
- Como lidou com esse sentimento?

Alguns medos são importantes, porque servem como uma proteção contra certos perigos. Outros, porém, se não forem enfrentados, podem nos impedir de viver grandes emoções e momentos extraordinários.

Para enfrentar medos, precisamos adotar uma postura de confiança frente a eles. Pensar no quanto somos fortes e corajosos pode ajudar a afastá-los. Por isso, sempre que sentir medo de algo, lembre-se de sua força interior e repita as seguintes afirmações:

- Eu estou seguro(a)!
- Eu sou corajoso(a) como um super-herói/uma super-heroína!
- Eu posso enfrentar o medo!
- Enquanto eu respiro profundamente, o medo vai embora!

CRIANÇAS, ANIMAIS E SENTIMENTOS

Toda criança se sente fascinada pelos animais de estimação, e não é para menos, pois, além de serem queridos, bons amigos e trazerem muita alegria para o lar, eles melhoram a saúde e trazem uma deliciosa sensação de bem-estar.

Conviver com um animal de estimação, seja um gatinho, um cachorro ou um coelho, pode ensinar às crianças valores muito importantes, como paciência, respeito, gentileza, afetividade e responsabilidade.

Sendo os animais seres que não têm nenhum tipo de preconceito ou maldade, as crianças encontram neles a confiança e a autoestima de que precisam para solucionar seus conflitos e, inclusive, lidar com seus próprios sentimentos.

UM RECADO PARA A FAMÍLIA

A descoberta dos sentimentos pode ser um momento surpreendente e difícil para as crianças, principalmente quando eles são negativos. Por isso, a proposta deste livro é mostrar aos pequenos como e quando o sentimento de medo pode surgir, e fazê-los entender que sentir esse turbilhão de emoções faz parte da vida e é importante para o seu crescimento.

Nesse processo de descoberta das emoções, a família e os educadores são convidados a enxergar o sentimento do medo sobre um outro olhar: o da criança! Afinal, para entender suas aflições e frustrações, é preciso, antes de qualquer coisa, colocar-se no lugar dela.

Lidar com alguns sentimentos não é nada fácil, seja para o adulto, seja para a criança. Por isso, quanto mais cedo os pequenos entenderem suas emoções, mais rapidamente eles desenvolverão autonomia e confiança, habilidades essenciais para trilhar essa incrível jornada que todos compartilhamos: a vida!

PALOMA BLANCA nasceu em uma cidade litorânea de São Paulo. Apaixonada pela linguagem, decidiu se formar em Letras e se especializar em Tradução e Ensino. Ela sempre gostou de escrever, desde criança; em suas histórias e poesias costumava falar sobre tudo o que sentia, pois, na escrita, encontrou a oportunidade perfeita para descobrir e compreender seus sentimentos. Escrever este livro foi um verdadeiro presente, que ela quer compartilhar com todas as famílias, especialmente com as crianças, que (assim como ela, em sua infância) desejam aprender a lidar com esse turbilhão de emoções que surge ao longo da vida.

PAULA KRANZ é mãe de duas lindas meninas. Logo que se tornou mãe, diversos sentimentos invadiram seu coração. E teve a oportunidade de transformar todo o medo, a tristeza, a raiva e a imensa felicidade que sentiu em sensações que a fizessem crescer como pessoa. Assim, junto de suas meninas, voltou a viver nesse mundo lúdico da infância. Nos últimos anos, além de brincar de comidinhas, poços de areia e desenhar garatujas, se especializou em livros infantis; e lá se foram diversos livros publicados com os seus desenhos. Cada vez mais está repleta de sonhos e de vontade de mostrar a delicadeza e a leveza da infância, ilustrando a magia, o brilho nos olhos e a forma única de ver o mundo que as crianças compartilham todos os dias conosco.